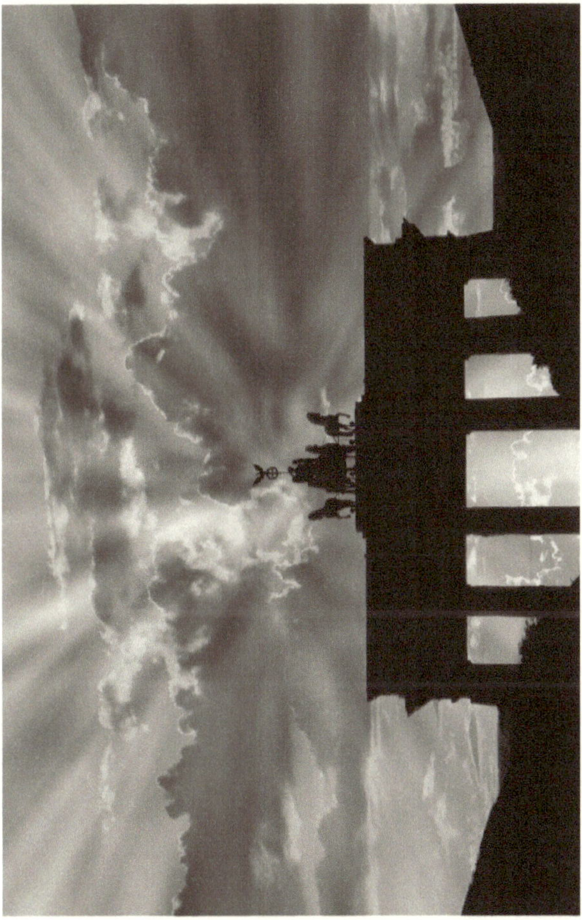

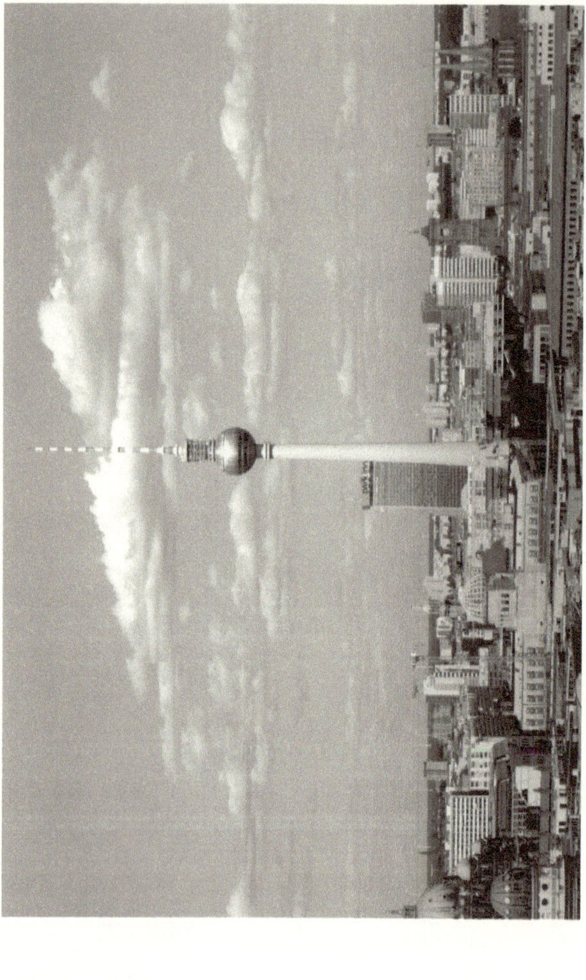

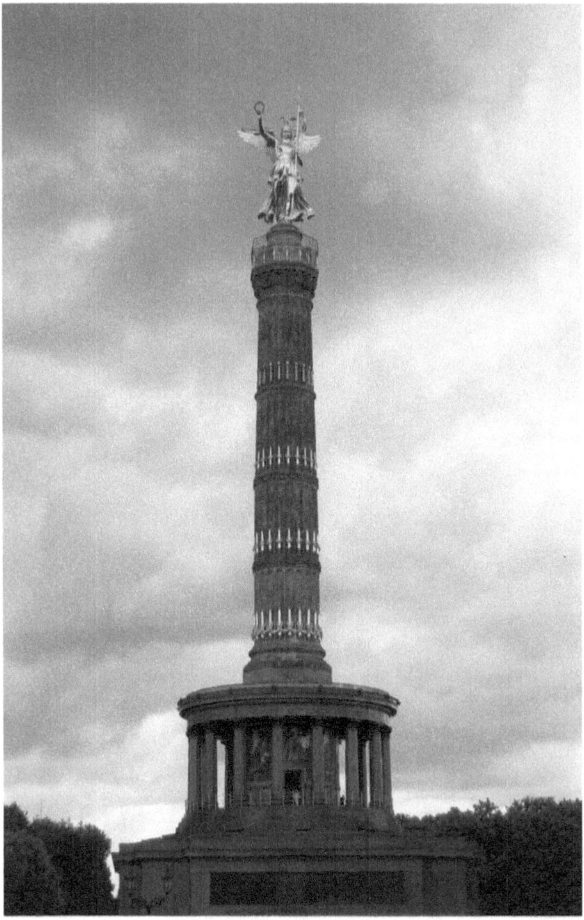

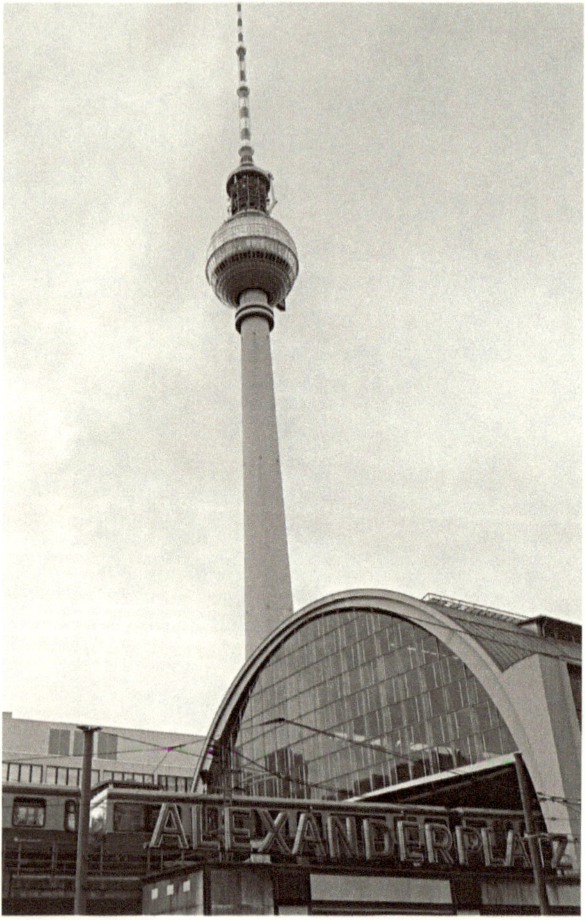
ALEXANDERPLATZ

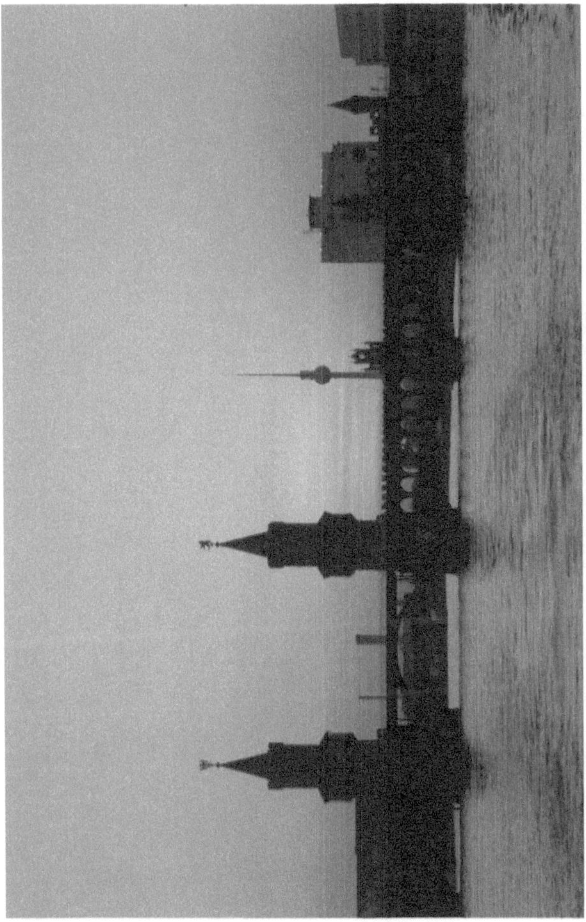

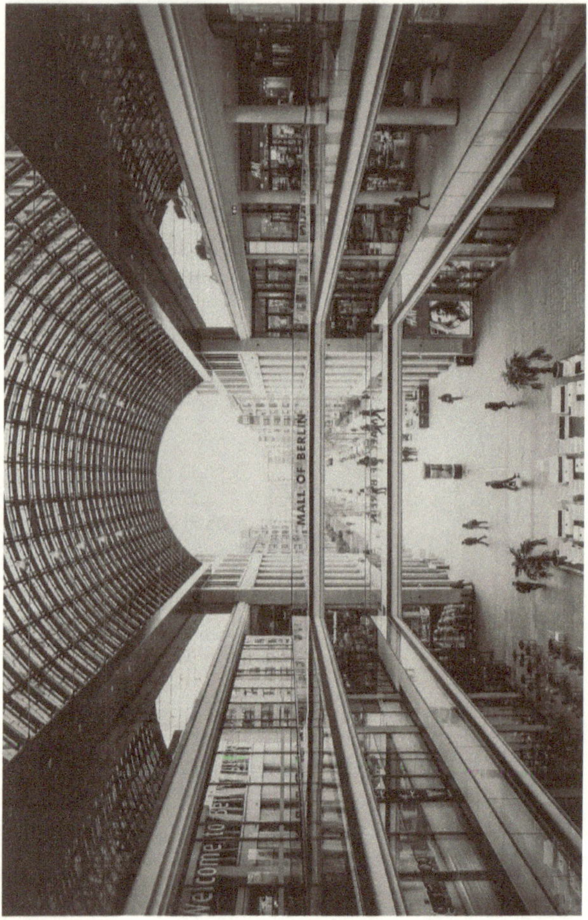
MALL OF BERLIN
Welcome to

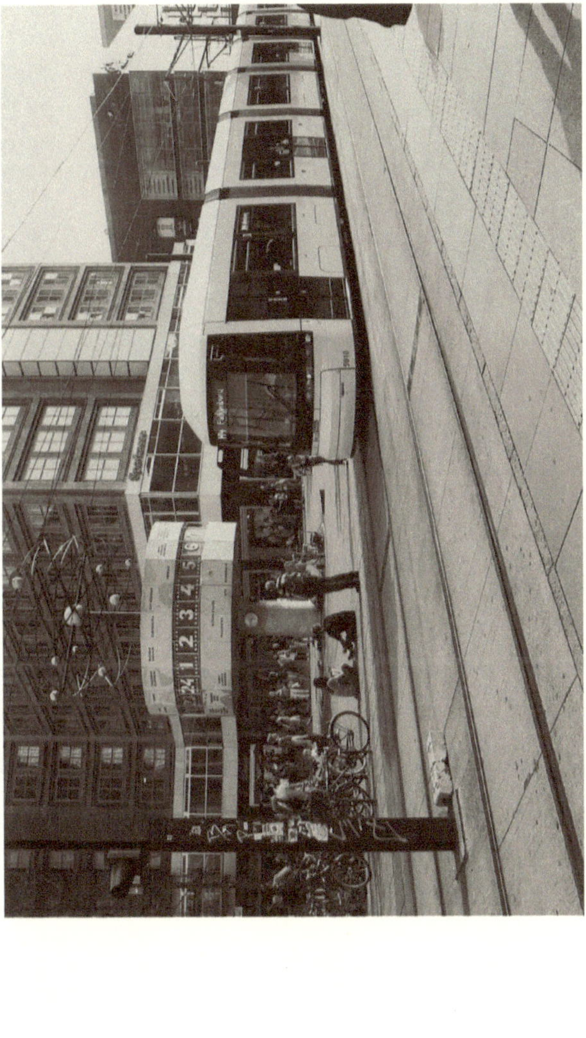
24 1 2 3 4 5 6

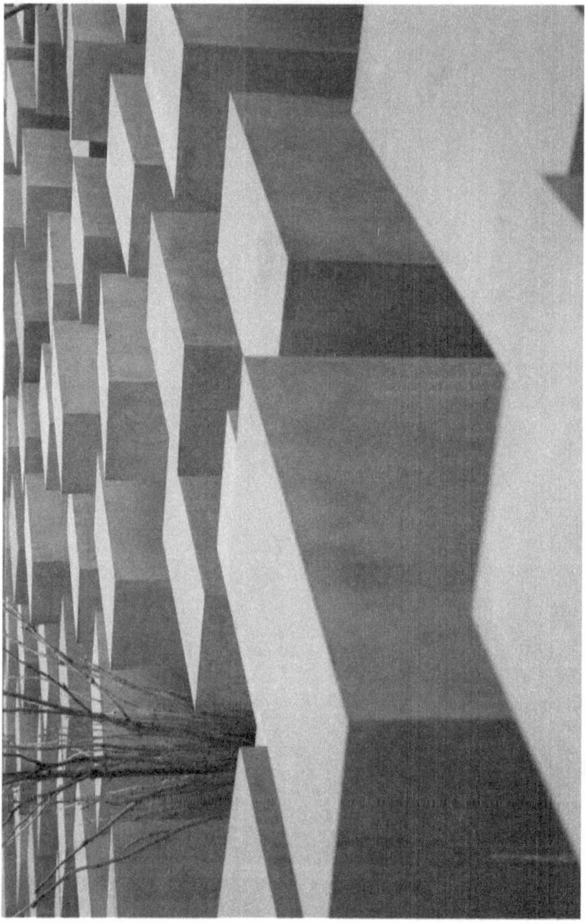

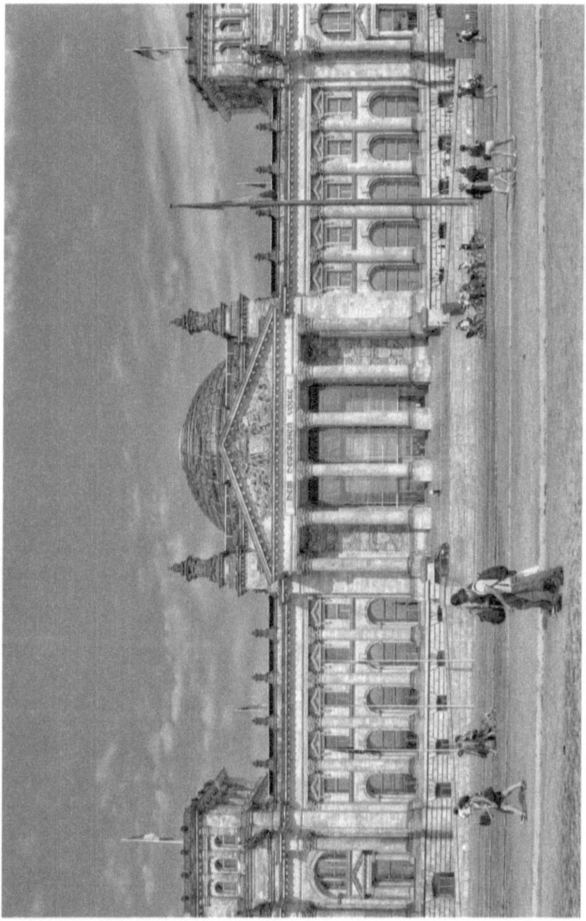

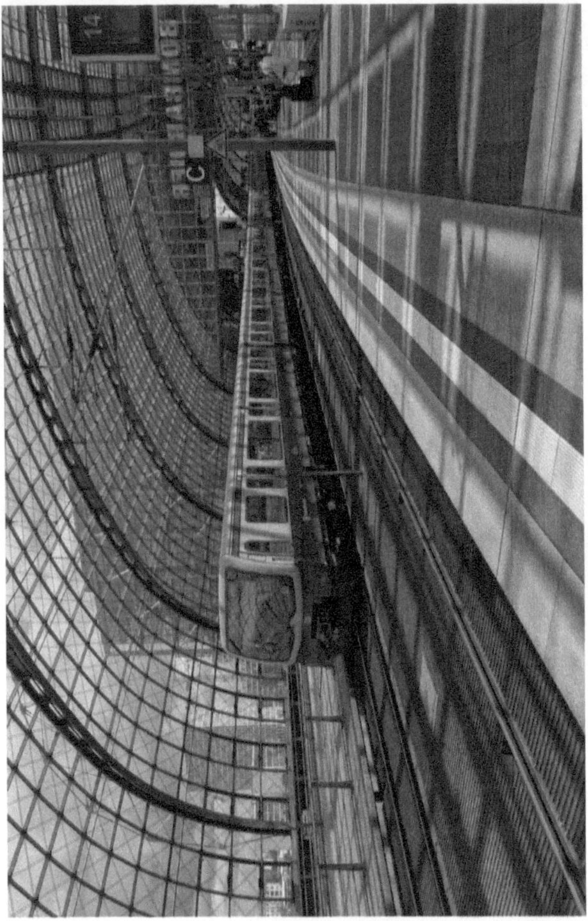

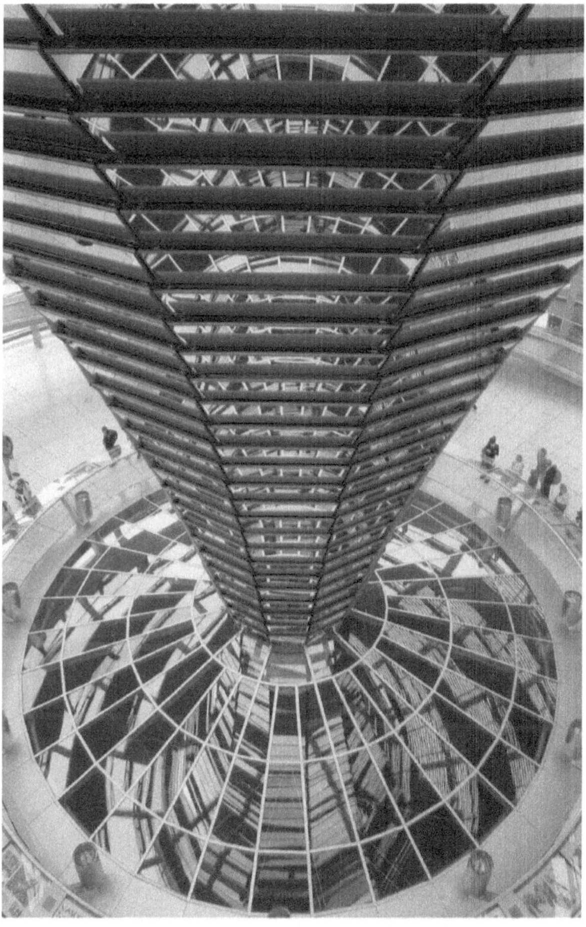

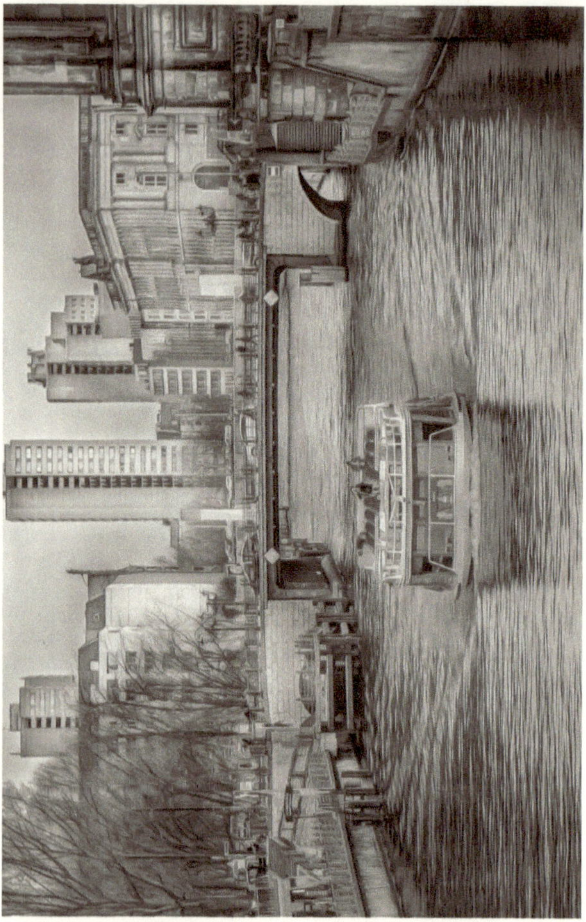

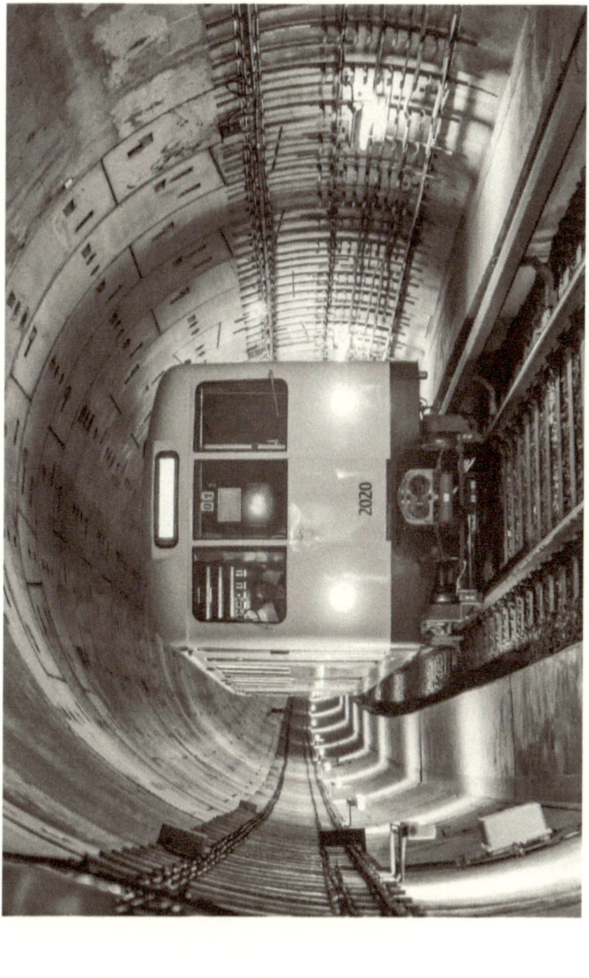
2020

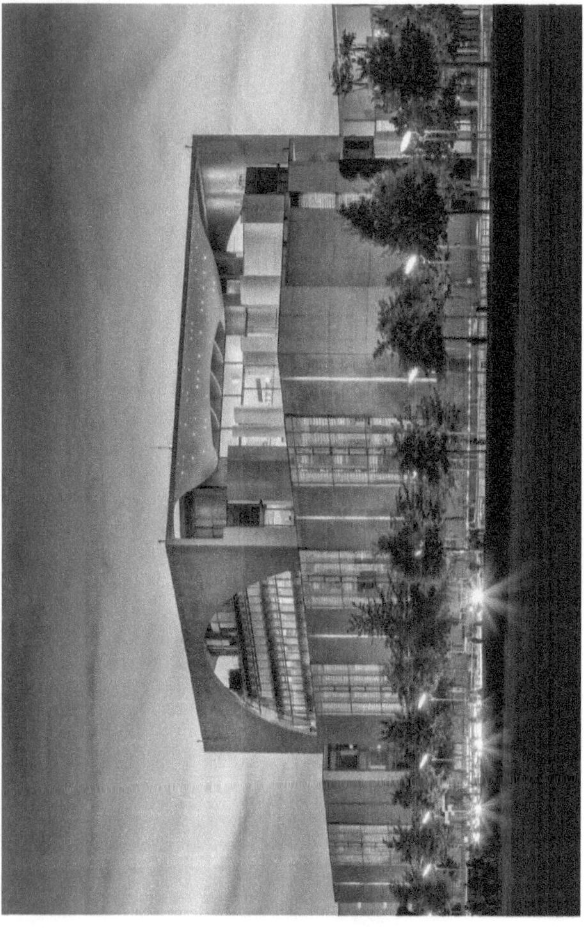

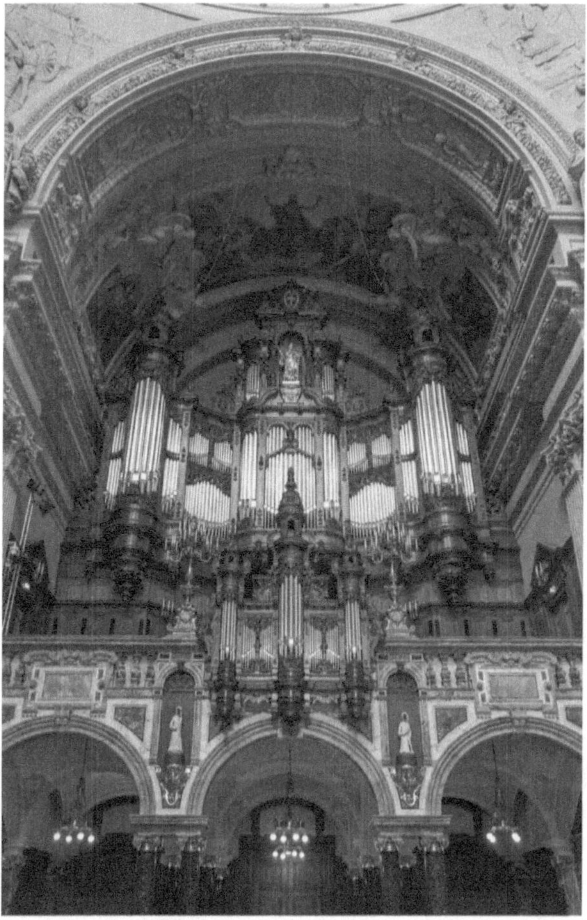

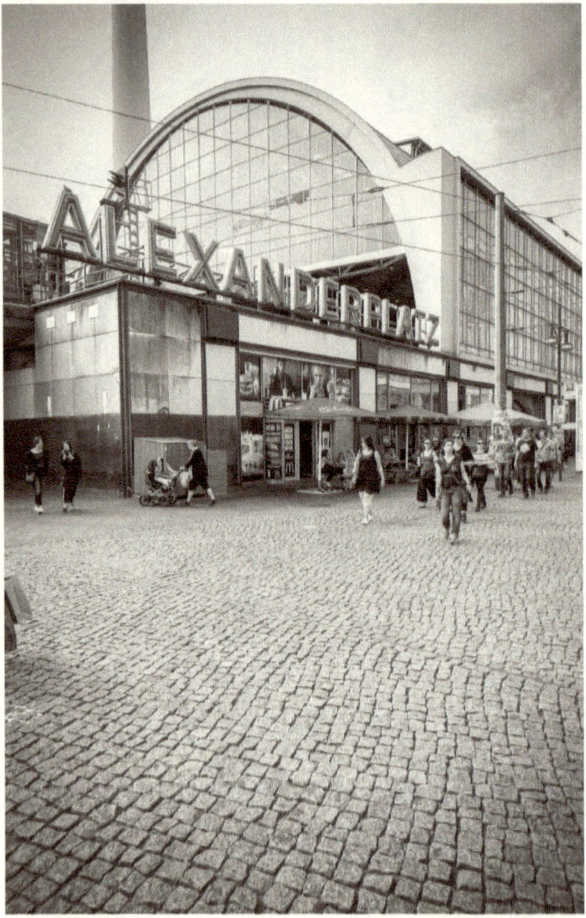
ALEXANDERPLATZ

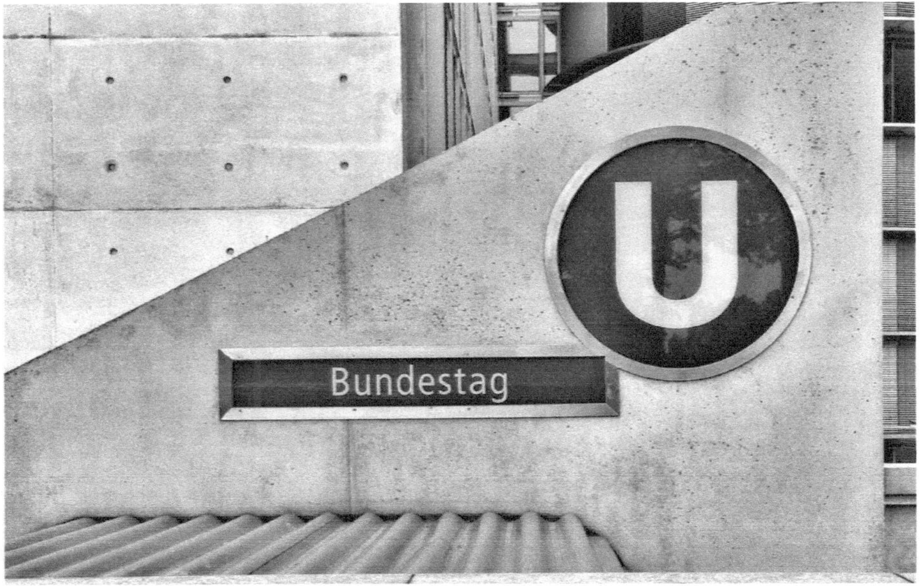
U
Bundestag

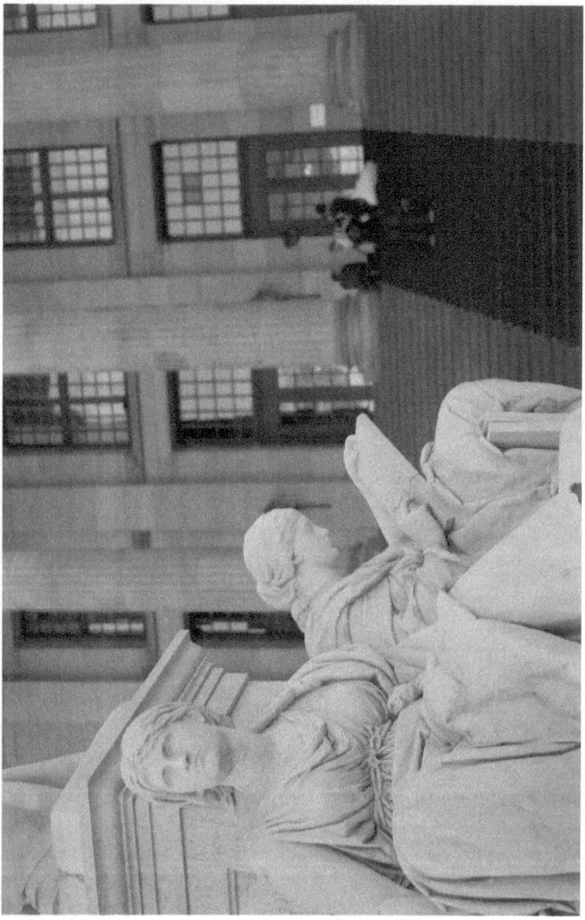

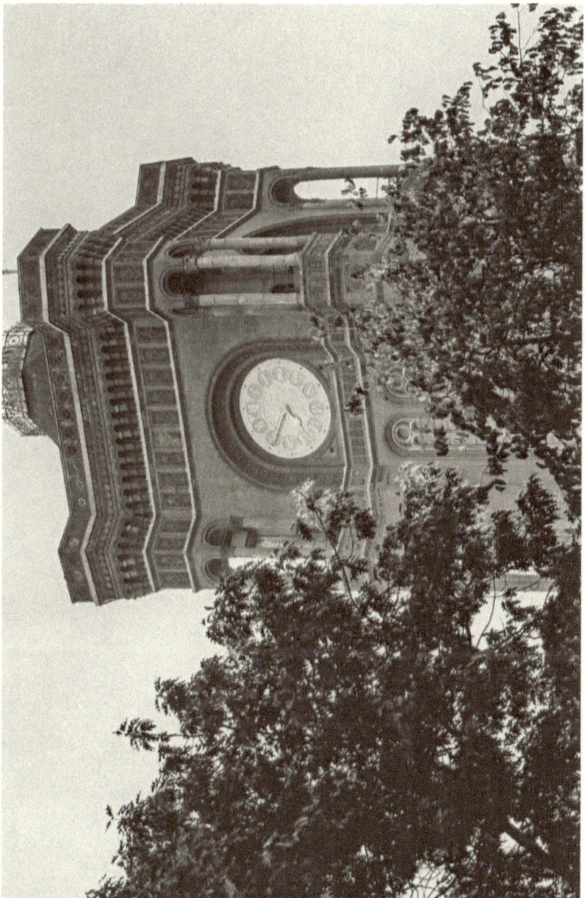

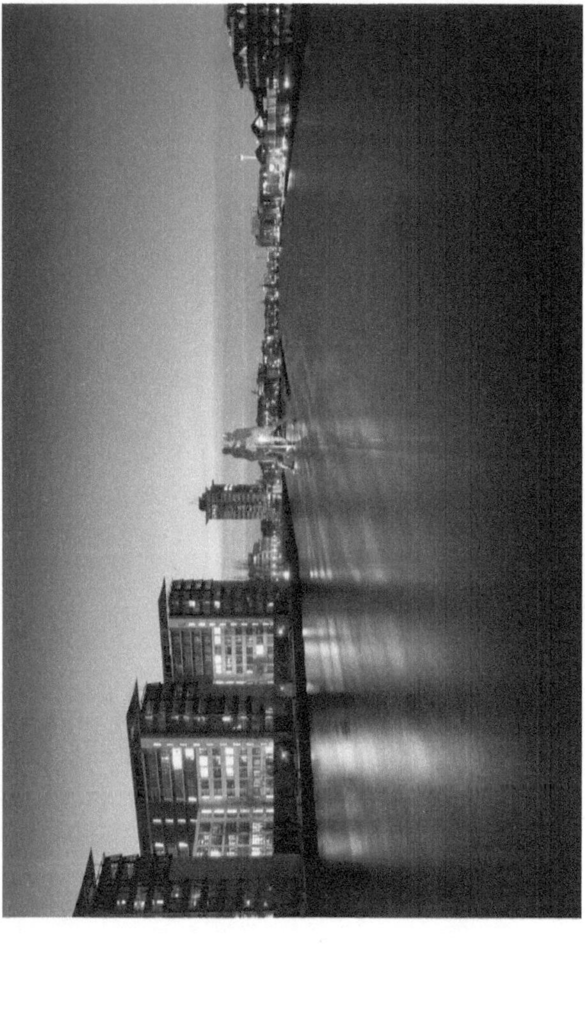

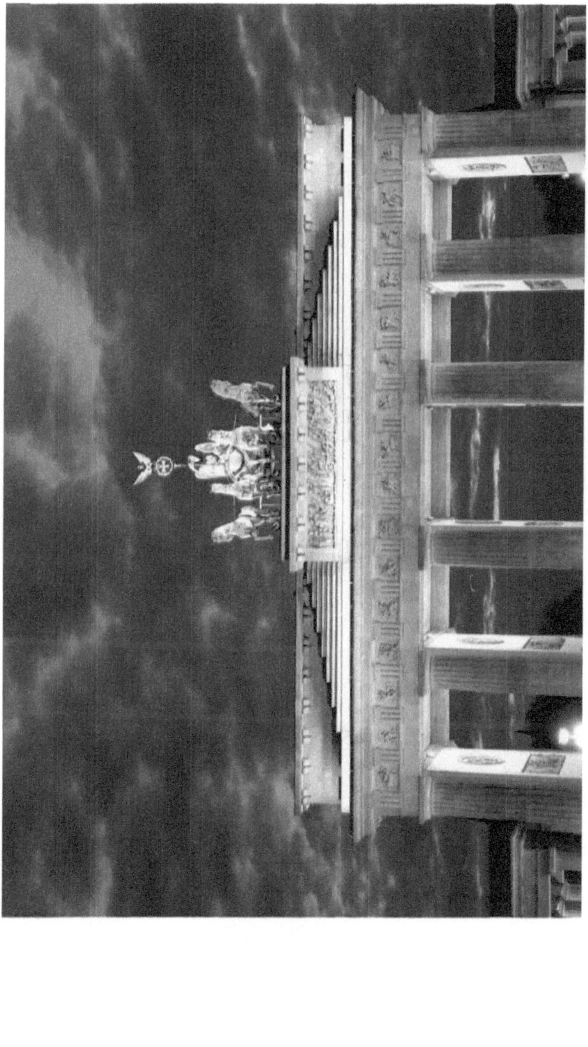

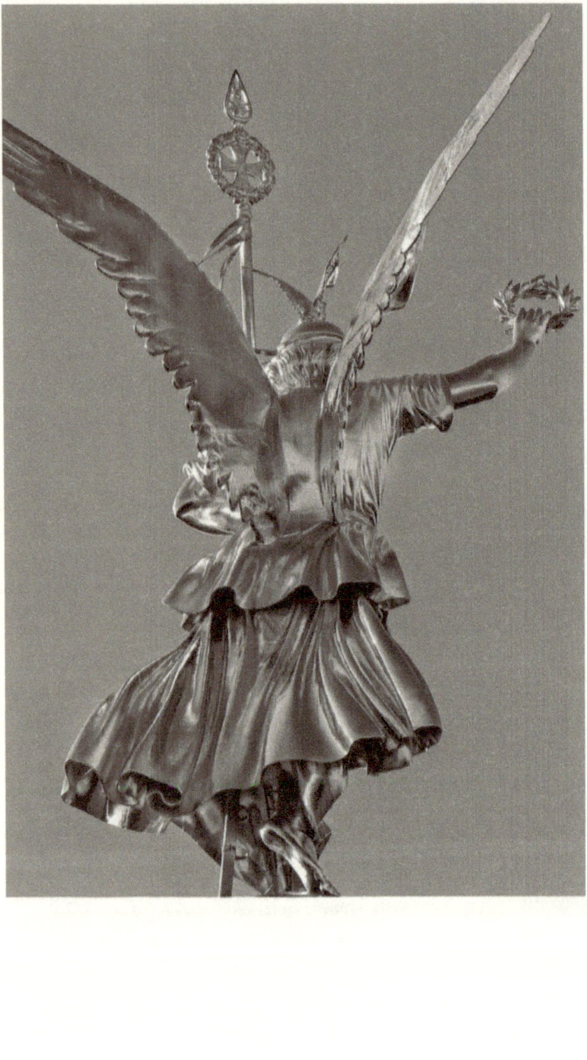

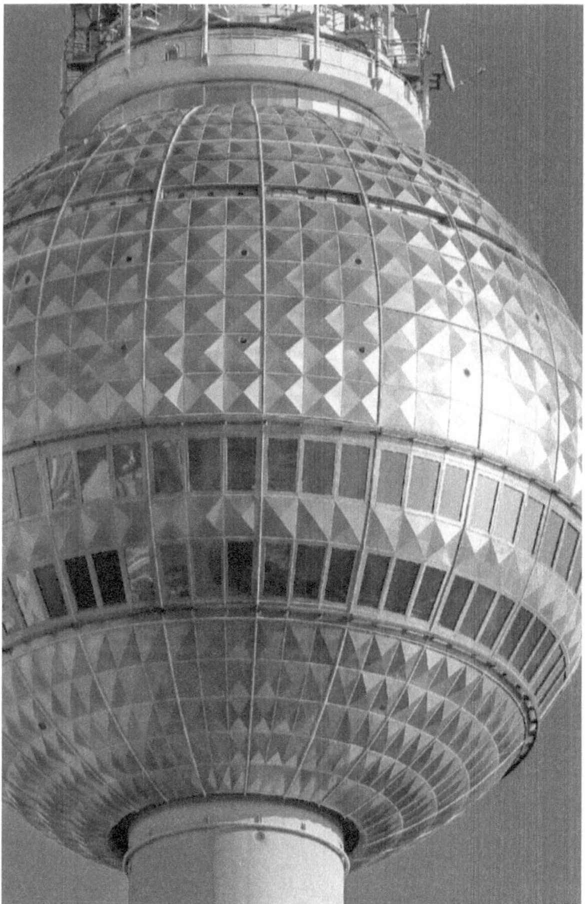

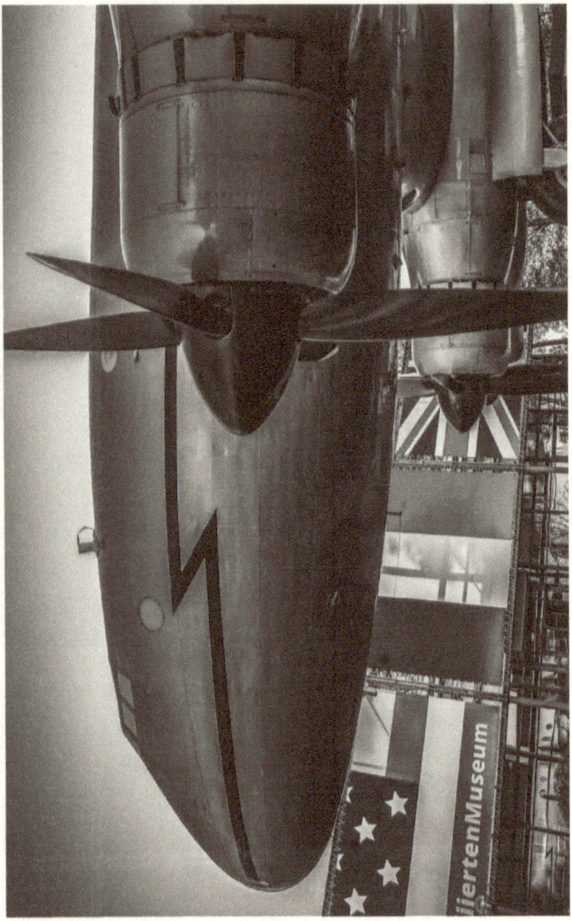
iiertenMuseum

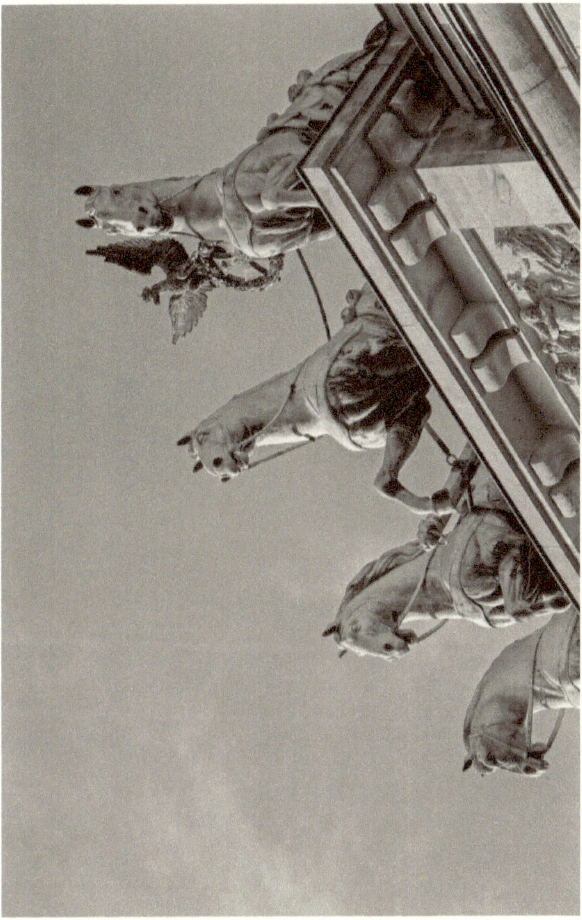

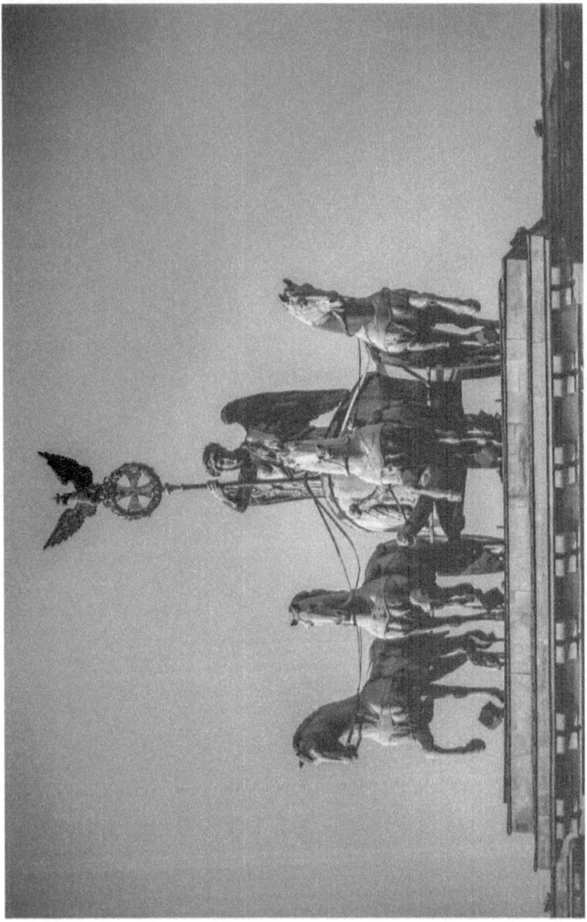

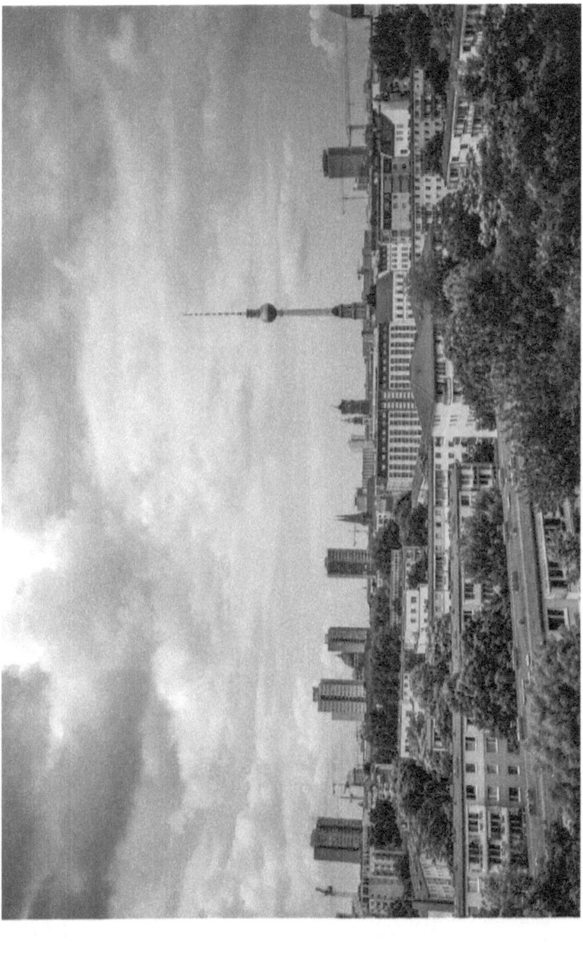

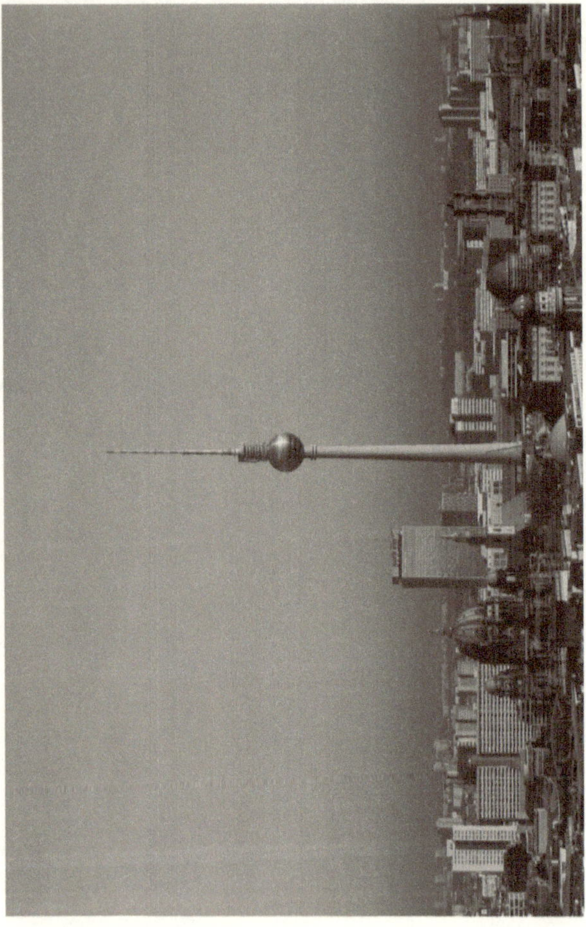

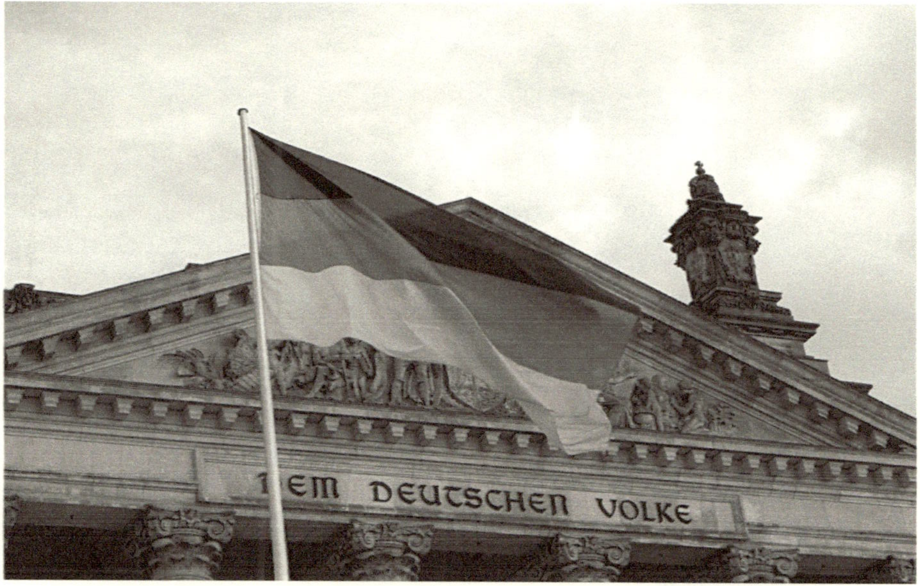
EM DEUTSCHEN VOLKE

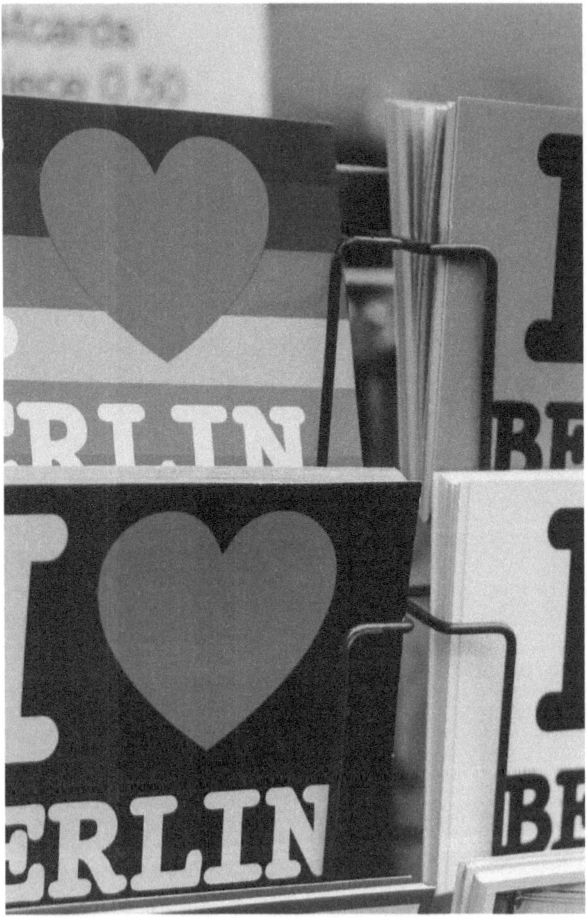
ERLIN
ERLIN

Impressum

ISBN: 9781689627016

Rene Schreiber
1150 Wien, Österreich
books.schreiber@gmail.com

Covergestaltung: Rene Schreiber
Auflage 1

Druck und Bindung: KDP Amazon

Printed in Poland

www.ingramcontent.com/pod-product-compliance
Lightning Source LLC
Chambersburg PA
CBHW030556220526
45463CB00007B/3096
* 9 7 8 1 6 8 9 6 2 7 0 1 6 *